DAS EINMINÜTIGE DANKBARKEITS-TAGEBUCH

Dieses Tagebuch gehört

_____

Copyright © 2020 Brenda Nathan

Alle Rechte vorbehalten.

ISBN: 978-1-952358-02-9

Dankbarkeit

Dankbarkeit ist ein Gefühl der Wertschätzung für das, was man hat. Sie ist ein Gefühl der Erkenntlichkeit für die Segen, die wir erhalten haben. Eine dankbare Einstellung zu kultivieren, wird dir viele Vorteile bringen: körperlich, mental und spirituell. Dankbarkeit im aktuellen Moment zu verspüren macht dich glücklicher und entspannter und verbessert deine allgemeine Gesundheit und dein Wohlbefinden.

In diesem Tagebuch sind einige Seiten, auf denen du einfach etwas zeichnen kannst. Wenn du keine Lust hast, etwas zu zeichnen, kannst du auf dieser Seite auch ein schönes Bild einfügen. Unser Geist reagiert besser auf Bilder, weshalb sie eine großartige Methode darstellen, Dankbarkeit und Wertschätzung zu fühlen.

Schreib in dieses Tagebuch drei bis fünf Dinge, für die du dankbar bist, und verwandle deine gewöhnlichen Momente in wahre Segen.

Tag: _____ *Datum:* ____ / ____ / ____

Heute bin ich *dankbar* für _____

_____
_____
_____
_____
_____
_____

Seien wir dankbar für die Menschen, die uns glücklich machen, sie sind die charmanten Gärtner, die unsere Seele aufblühen lassen. ~ *Marcel Proust*

Tag: _____ *Datum:* ____ / ____ / ____

Heute bin ich *dankbar* für _____

_____
_____
_____
_____
_____
_____

Tag: _____ Datum: _____ / _____ / _____

Heute bin ich *dankbar* für _____

_____

_____

_____

_____

Die Essenz aller schönen Kunst, aller großen Kunst, ist Dankbarkeit.
~ *Friedrich Nietzsche*

Tag: _____ Datum: _____ / _____ / _____

Heute bin ich *dankbar* für _____

_____

_____

_____

_____

Tag: _____ *Datum:* _____ / _____ / _____

Heute bin ich *dankbar* für _____

_____

_____

_____

_____

_____

Der dankbare Empfänger trägt eine reichliche Ernte. ~ *William Blake*

Tag: _____ *Datum:* _____ / _____ / _____

Heute bin ich *dankbar* für _____

_____

_____

_____

_____

_____

Tag: _____ *Datum:* ____/____/____

Heute bin ich *dankbar* für _____

_____

_____

_____

_____

Es gibt nur einen Weg zum Glück, und das ist, sich keine Sorgen mehr
über Dinge zu machen, die jenseits der Macht unseres Willens liegen.
~ *Epictetus*

Tag: _____ *Datum:* ____/____/____

Heute bin ich *dankbar* für _____

_____

_____

_____

_____

Tag: _____ *Datum:* ____ / ____ / ____

Heute bin ich *dankbar* für _____

_____

_____

_____

_____

_____

Dankbarkeit ist die schönste Blüte, die aus der Seele entspringt.
~ Henry Ward Beecher

Tag: _____ *Datum:* ____ / ____ / ____

Heute bin ich *dankbar* für _____

_____

_____

_____

_____

_____

Tag: _____ Datum: ____/____/____

Heute bin ich *dankbar* für _____

Positives irgendetwas besser als negatives gar nichts. ~ *Elbert Hubbard*

Tag: _____ Datum: ____/____/____

Heute bin ich *dankbar* für _____

Tag: _____ *Datum:* _____ / _____ / _____

Heute bin ich *dankbar* für _____

_____

_____

_____

_____

_____

Die Richtung des Geistes ist wichtiger als sein Fortschritt. ~ *Joseph Joubert*

Tag: _____ *Datum:* _____ / _____ / _____

Heute bin ich *dankbar* für _____

_____

_____

_____

_____

_____

Tag: _____ Datum: _____/_____/_____

Heute bin ich *dankbar* für _____

_____

_____

_____

_____

_____

Glück ist kein Ideal der Vernunft, sondern der Phantasie. ~ *Immanuel Kant*

Tag: _____ Datum: _____/_____/_____

Heute bin ich *dankbar* für _____

_____

_____

_____

_____

_____

Tag: _____ *Datum:* _____ / _____ / _____

Heute bin ich *dankbar* für _____

_____

_____

_____

_____

_____

_____

Höflichkeiten von kleinem und trivialem Charakter sind es, die im dankbaren und anerkennenden Herzen am tiefsten treffen. ~ *Henry Clay*

Tag: _____ *Datum:* _____ / _____ / _____

Heute bin ich *dankbar* für _____

_____

_____

_____

_____

_____

_____

Tag: _____ *Datum:* ____ / ____ / ____

Heute bin ich *dankbar* für _____

_____

_____

_____

_____

_____

Die Kunst des Glücklichseins liegt in der Kraft, das Glück aus gewöhnlichen Dingen zu extrahieren. ~ *Henry Ward Beecher*

Tag: _____ *Datum:* ____ / ____ / ____

Heute bin ich *dankbar* für _____

_____

_____

_____

_____

_____

Tag: _____ *Datum:* ____/____/____

Heute bin ich *dankbar* für _____

_____

_____

_____

_____

_____

Glück wohnt nicht in Besitztümern, und nicht in Gold, Glück wohnt in der Seele. ~ *Democritus*

Tag: _____ *Datum:* ____/____/____

Heute bin ich *dankbar* für _____

_____

_____

_____

_____

_____

Tag: _____ Datum: ____/____/____

Heute bin ich *dankbar* für _____

_____

_____

_____

_____

_____

_____

Wunder ist der Wunsch nach Wissen. ~ *Thomas Aquinas*

Tag: _____ Datum: ____/____/____

Heute bin ich *dankbar* für _____

_____

_____

_____

_____

_____

_____

Tag: _____ *Datum:* ____ / ____ / ____

Heute bin ich *dankbar* für _____

_____

_____

_____

_____

_____

Die Dinge ändern sich nicht; wir verändern uns. ~ *Henry David Thoreau*

Tag: _____ *Datum:* ____ / ____ / ____

Heute bin ich *dankbar* für _____

_____

_____

_____

_____

_____

Tag: _____ Datum: ____/____/____

Heute bin ich *dankbar* für _____

_____
_____
_____
_____
_____

> Unsere größte Herrlichkeit ist nicht in nie fallen, sondern jedes Mal aufzustehen, wenn wir fallen. ~ *Confucius*

Tag: _____ Datum: ____/____/____

Heute bin ich *dankbar* für _____

_____
_____
_____
_____
_____

Zeichne etwas

Tag: _____ Datum: _____ / _____ / _____

Heute bin ich *dankbar* für _____

_____
_____
_____
_____
_____
_____

Ein einziger dankbarer Gedanke an den Himmel ist das vollkommenste Gebet. ~ *Gotthold Ephraim Lessing*

Tag: _____ Datum: _____ / _____ / _____

Heute bin ich *dankbar* für _____

_____
_____
_____
_____
_____
_____

Tag: _____ *Datum:* ____ / ____ / ____

Heute bin ich *dankbar* für _____

_____

_____

_____

_____

_____

_____

Dankbarkeit ist nicht nur die größte Tugend, sondern die Mutter aller anderen. ~ *Marcus Tullius Cicero*

Tag: _____ *Datum:* ____ / ____ / ____

Heute bin ich *dankbar* für _____

_____

_____

_____

_____

_____

_____

Tag: _____ Datum: ____/____/____

Heute bin ich *dankbar* für _____

_____

_____

_____

_____

_____

Die Freude, die wir am seltensten erleben, bereitet uns größte Freude.
~ *Epictetus*

Tag: _____ Datum: ____/____/____

Heute bin ich *dankbar* für _____

_____

_____

_____

_____

_____

Tag: _____ *Datum:* _____ / _____ / _____

Heute bin ich *dankbar* für _____

_____

_____

_____

_____

_____

Dankbarkeit ist das Zeichen edler Seelen. ~ *Aesop Fables*

Tag: _____ *Datum:* _____ / _____ / _____

Heute bin ich *dankbar* für _____

_____

_____

_____

_____

_____

Tag: _____ *Datum:* _____ / _____ / _____

Heute bin ich *dankbar* für _____

_____

_____

_____

_____

_____

Wenn ein wenig Träumen gefährlich ist, ist das Heilmittel dafür nicht,
weniger zu träumen, sondern mehr zu träumen, die ganze Zeit zu träumen.
~ *Marcel Proust*

Tag: _____ *Datum:* _____ / _____ / _____

Heute bin ich *dankbar* für _____

_____

_____

_____

_____

_____

Tag: _____ *Datum:* _____ / _____ / _____

Heute bin ich *dankbar* für _____

_____

_____

_____

_____

_____

Dankbarkeit ist eine Pflicht, die bezahlt werden sollte, die aber niemand zu Recht erwarten kann. ~ *Jean-Jacques Rousseau*

Tag: _____ *Datum:* _____ / _____ / _____

Heute bin ich *dankbar* für _____

_____

_____

_____

_____

_____

Tag: _____ *Datum:* ____ / ____ / ____

Heute bin ich *dankbar* für _____

Wertschätzung ist eine wunderbare Sache: Sie macht das, was in anderen hervorragend ist, auch zu uns gehören. ~ *Voltaire*

Tag: _____ *Datum:* ____ / ____ / ____

Heute bin ich *dankbar* für _____

Tag: _____ *Datum:* ____ / ____ / ____

Heute bin ich *dankbar* für _____

_____

_____

_____

_____

_____

Der klarste Weg ins Universum führt durch eine Waldwildnis.
~ John Muir

Tag: _____ *Datum:* ____ / ____ / ____

Heute bin ich *dankbar* für _____

_____

_____

_____

_____

_____

Tag: _____ *Datum:* _____/_____/_____

Heute bin ich *dankbar* für _____

_____

_____

_____

_____

_____

> Wenn man unglücklich ist, zweifelt man an allem; wenn man glücklich ist, zweifelt man an nichts. ~ *Joseph Roux*

Tag: _____ *Datum:* _____/_____/_____

Heute bin ich *dankbar* für _____

_____

_____

_____

_____

_____

Tag: _____ *Datum:* _____ / _____ / _____

Heute bin ich *dankbar* für _____

_____

_____

_____

_____

_____

Unser Glück hängt von der Weisheit ab. ~ *Sophocles*

Tag: _____ *Datum:* _____ / _____ / _____

Heute bin ich *dankbar* für _____

_____

_____

_____

_____

_____

Tag: _____ *Datum:* _____ / _____ / _____

Heute bin ich *dankbar* für _____

_____

_____

_____

_____

_____

Das sicherste Zeichen der Weisheit ist Fröhlichkeit. ~ *Michel de Montaigne*

Tag: _____ *Datum:* _____ / _____ / _____

Heute bin ich *dankbar* für _____

_____

_____

_____

_____

_____

Tag: _____ *Datum:* ____/____/____

Heute bin ich *dankbar* für _____
_____
_____
_____
_____
_____

Glauben Sie, dass Sie es können, und Sie sind schon auf dem halbem Weg.
~ *Theodore Roosevelt*

Tag: _____ *Datum:* ____/____/____

Heute bin ich *dankbar* für _____
_____
_____
_____
_____
_____

Tag: _____ *Datum:* ____/____/____

Heute bin ich *dankbar* für _____

_____

_____

_____

_____

_____

Die Ereignisse werden ihren Lauf nehmen, es nützt nichts, wütend auf
sie zu sein; er ist am glücklichsten, der sie weise zum besten Konto macht.
~ *Euripides*

Tag: _____ *Datum:* ____/____/____

Heute bin ich *dankbar* für _____

_____

_____

_____

_____

_____

Tag: _____ *Datum:* ____/____/____

Heute bin ich *dankbar* für _____

_____

_____

_____

_____

_____

Alles hat Schönheit, aber nicht jeder sieht es. ~ *Confucius*

Tag: _____ *Datum:* ____/____/____

Heute bin ich *dankbar* für _____

_____

_____

_____

_____

_____

Zeichne etwas

Tag: _____ *Datum:* _____/_____/_____

Heute bin ich *dankbar* für _____

_____

_____

_____

_____

_____

_____

Machen Sie es sich zur Gewohnheit, bei kleinen Dingen nicht kritisch zu sein.
~ *Edward Everett Hale*

Tag: _____ *Datum:* _____/_____/_____

Heute bin ich *dankbar* für _____

_____

_____

_____

_____

_____

_____

Tag: _____ Datum: _____ / _____ / _____

Heute bin ich *dankbar* für _____

_____

_____

_____

_____

_____

Glauben Sie, dass das Leben lebenswert ist und Ihr Glaube wird dazu
beitragen, diese Tatsache zu schaffen. ~ *William James*

Tag: _____ Datum: _____ / _____ / _____

Heute bin ich *dankbar* für _____

_____

_____

_____

_____

_____

Tag: _____ *Datum:* _____ / _____ / _____

Heute bin ich *dankbar* für _____

_____

_____

_____

_____

_____

Ein zufriedener Geist ist der größte Segen, den ein Mensch in dieser Welt genießen kann. ~ *Joseph Addison*

Tag: _____ *Datum:* _____ / _____ / _____

Heute bin ich *dankbar* für _____

_____

_____

_____

_____

_____

Tag: _____ *Datum:* ___/___/___

Heute bin ich *dankbar* für _____

_____

_____

_____

_____

_____

Gute Taten geben uns Kraft und inspirieren zu guten Handlungen in anderen.
~ *Plato*

Tag: _____ *Datum:* ___/___/___

Heute bin ich *dankbar* für _____

_____

_____

_____

_____

_____

Tag: _____ *Datum:* ____/____/____

Heute bin ich *dankbar* für _____

_____

_____

_____

_____

_____

_____

Unsere besten Erfolge folgen oft auf unsere größten Enttäuschungen.
~ *Henry Ward Beecher*

Tag: _____ *Datum:* ____/____/____

Heute bin ich *dankbar* für _____

_____

_____

_____

_____

_____

_____

Tag: _____ *Datum:* ____ / ____ / ____

Heute bin ich *dankbar* für _____

_____

_____

_____

_____

_____

Ein liebevolles Herz ist der Anfang allen Wissens. ~ *Thomas Carlyle*

Tag: _____ *Datum:* ____ / ____ / ____

Heute bin ich *dankbar* für _____

_____

_____

_____

_____

_____

Tag: _____ *Datum:* ____ / ____ / ____

Heute bin ich *dankbar* für _____

_____

_____

_____

_____

_____

_____

Ehrlichkeit ist das erste Kapitel im Buch der Weisheit.
~ *Thomas Jefferson*

Tag: _____ *Datum:* ____ / ____ / ____

Heute bin ich *dankbar* für _____

_____

_____

_____

_____

_____

_____

Tag: _____ Datum: _____ / _____ / _____

Heute bin ich *dankbar* für _____

Das Leben in Fülle kommt nur durch große Liebe.
~ *Elbert Hubbard*

Tag: _____ Datum: _____ / _____ / _____

Heute bin ich *dankbar* für _____

Tag: _____ *Datum:* ____ / ____ / ____

Heute bin ich *dankbar* für _____

_____

_____

_____

_____

_____

Zu leben ist so verblüffend, dass es wenig Zeit für etwas anderes lässt.
~ *Emily Dickinson*

Tag: _____ *Datum:* ____ / ____ / ____

Heute bin ich *dankbar* für _____

_____

_____

_____

_____

_____

Tag: _____ *Datum:* ____/____/____

Heute bin ich *dankbar* für _____

_____

_____

_____

_____

_____

Der Weg, das Leben zu kennen, ist, viele Dinge zu lieben.
~ *Vincent Van Gogh*

Tag: _____ *Datum:* ____/____/____

Heute bin ich *dankbar* für _____

_____

_____

_____

_____

_____

Tag: _____ Datum: _____ / _____ / _____

Heute bin ich *dankbar* für _____

_____
_____
_____
_____
_____

Es braucht weniger Zeit, um etwas richtig zu machen, als zu erklären, warum Sie es falsch gemacht haben. ~ *Henry Wadsworth Longfellow*

Tag: _____ Datum: _____ / _____ / _____

Heute bin ich *dankbar* für _____

_____
_____
_____
_____
_____

Tag: _____ *Datum:* ____ / ____ / ____

Heute bin ich *dankbar* für _____

_____

_____

_____

_____

_____

Haltet die Liebe in eurem Herzen. Ein Leben ohne sie ist wie ein sonnenloser Garten, wenn die Blumen tot sind. ~ *Oscar Wilde*

Tag: _____ *Datum:* ____ / ____ / ____

Heute bin ich *dankbar* für _____

_____

_____

_____

_____

_____

Tag: _____ *Datum:* _____ / _____ / _____

Heute bin ich *dankbar* für _____

_____

_____

_____

_____

_____

_____

Die Zukunft wird von der Gegenwart gekauft. ~ *Samuel Johnson*

Tag: _____ *Datum:* _____ / _____ / _____

Heute bin ich *dankbar* für _____

_____

_____

_____

_____

_____

_____

Tag: _____ *Datum:* ____ / ____ / ____

Heute bin ich *dankbar* für _____

_____

_____

_____

_____

_____

Tun Sie nie etwas Falsches, um einen Freund zu machen oder einen zu behalten. ~ *Robert E. Lee*

Tag: _____ *Datum:* ____ / ____ / ____

Heute bin ich *dankbar* für _____

_____

_____

_____

_____

_____

Zeichne etwas

Tag: _____ *Datum:* ____ / ____ / ____

Heute bin ich *dankbar* für _____

_____

_____

_____

_____

_____

Das Leben besteht nicht darin, gute Karten zu halten, sondern darin,
diejenigen zu spielen, die man gut hält. ~ *Josh Billings*

Tag: _____ *Datum:* ____ / ____ / ____

Heute bin ich *dankbar* für _____

_____

_____

_____

_____

_____

Tag: _____ *Datum:* ____/____/____

Heute bin ich *dankbar* für _____

_____

_____

_____

_____

Nichts ist Zeitverschwendung, wenn man die Erfahrung mit Bedacht nutzt.
~ *Auguste Rodin*

Tag: _____ *Datum:* ____/____/____

Heute bin ich *dankbar* für _____

_____

_____

_____

_____

Tag: _____ *Datum:* _____ / _____ / _____

Heute bin ich *dankbar* **für** _____

_____

_____

_____

_____

_____

Wer es am besten weiß, weiß, wie wenig er weiß. ~ *Thomas Jefferson*

Tag: _____ *Datum:* _____ / _____ / _____

Heute bin ich *dankbar* **für** _____

_____

_____

_____

_____

_____

Tag: _____ *Datum:* ____ / ____ / ____

Heute bin ich *dankbar* für _____

_____

_____

_____

_____

_____

Große Gedanken sprechen nur den nachdenklichen Geist, aber große Taten sprechen für die ganze Menschheit. ~ *Theodore Roosevelt*

Tag: _____ *Datum:* ____ / ____ / ____

Heute bin ich *dankbar* für _____

_____

_____

_____

_____

_____

Tag: _____ *Datum:* _____ / _____ / _____

Heute bin ich *dankbar* für _____

_____

_____

_____

_____

_____

_____

Niemals aufgeben, denn das ist nur der Ort und die Zeit, an der sich das Blatt wenden wird. ~ *Harriet Beecher Stowe*

Tag: _____ *Datum:* _____ / _____ / _____

Heute bin ich *dankbar* für _____

_____

_____

_____

_____

_____

_____

Tag: _____ *Datum:* _____/_____/_____

Heute bin ich *dankbar* für _____

_____

_____

_____

_____

_____

_____

Entweder werde ich einen Weg finden, oder ich werde einen machen.
~ *Philip Sidney*

Tag: _____ *Datum:* _____/_____/_____

Heute bin ich *dankbar* für _____

_____

_____

_____

_____

_____

_____

Tag: _____ *Datum:* ____/____/____

Heute bin ich *dankbar* für _____

_____

_____

_____

_____

_____

Keine Angst vor Fehlern. Sie werden das Scheitern kennen. Fahren Sie fort,
die Hand zu reichen. ~ *Benjamin Franklin*

Tag: _____ *Datum:* ____/____/____

Heute bin ich *dankbar* für _____

_____

_____

_____

_____

_____

Tag: _____ *Datum:* ____ / ____ / ____

Heute bin ich *dankbar* für _____

_____

_____

_____

_____

_____

Es ist kostspielige Weisheit, die durch Erfahrung gekauft wird.
~ Roger Ascham

Tag: _____ *Datum:* ____ / ____ / ____

Heute bin ich *dankbar* für _____

_____

_____

_____

_____

_____

Tag: _____ *Datum:* ____/____/____

Heute bin ich *dankbar* für _____

_____

_____

_____

_____

_____

Sich selbst zu lieben, ist der Beginn einer lebenslangen Romanze.
~ *Oscar Wilde*

Tag: _____ *Datum:* ____/____/____

Heute bin ich *dankbar* für _____

_____

_____

_____

_____

_____

Tag: _____ *Datum:* ____/____/____

Heute bin ich *dankbar* für _____

Die Argumentation zieht eine Schlussfolgerung, macht aber die Schlussfolgerung nicht sicher, es sei denn, der Geist entdeckt sie auf dem Pfad der Erfahrung. ~ *Roger Bacon*

Tag: _____ *Datum:* ____/____/____

Heute bin ich *dankbar* für _____

Tag: _____ Datum: ____ / ____ / ____

Heute bin ich *dankbar* für _____

Denken Sie daran, wenn der Weg des Lebens steil ist, um Ihren Geist auch zu halten. ~ *Horace*

Tag: _____ Datum: ____ / ____ / ____

Heute bin ich *dankbar* für _____

Tag: _____ *Datum:* ____ / ____ / ____

Heute bin ich *dankbar* für _____

_____

_____

_____

_____

_____

Fragen Sie mich nicht, was ich habe, sondern was ich bin. ~ *Heinrich Heine*

Tag: _____ *Datum:* ____ / ____ / ____

Heute bin ich *dankbar* für _____

_____

_____

_____

_____

_____

Tag: _____ *Datum:* ____ / ____ / ____

Heute bin ich *dankbar* für _____

Die beste Vorbereitung auf morgen ist, die Arbeit von heute hervorragend zu machen. ~ *William Osler*

Tag: _____ *Datum:* ____ / ____ / ____

Heute bin ich *dankbar* für _____

Tag: _____ *Datum:* ____/____/____

Heute bin ich *dankbar* für _____

_____
_____
_____
_____
_____
_____

> Liebe bringt immer Schwierigkeiten, das ist wahr, aber die gute Seite davon ist, dass sie Energie gibt. ~ *Vincent Van Gogh*

Tag: _____ *Datum:* ____/____/____

Heute bin ich *dankbar* für _____

_____
_____
_____
_____
_____
_____

Zeichne etwas

Tag: _____ *Datum:* ____ / ____ / ____

Heute bin ich *dankbar* für _____

Kleine Köpfe interessieren sich für das Außergewöhnliche; große Köpfe im Alltäglichen. ~ *Elbert Hubbard*

Tag: _____ *Datum:* ____ / ____ / ____

Heute bin ich *dankbar* für _____

Tag: _____   *Datum:* _____ / _____ / _____

Heute bin ich *dankbar* für _____

_____

_____

_____

_____

Finden Sie Ekstase im Leben; das bloße Lebensgefühl ist Freude genug.
~ *Emily Dickinson*

Tag: _____   *Datum:* _____ / _____ / _____

Heute bin ich *dankbar* für _____

_____

_____

_____

_____

Tag: _____ *Datum:* ____/____/____

Heute bin ich *dankbar* für _____

_____

_____

_____

_____

_____

_____

Ignorieren Sie, was Ihnen jemand über jemand anderen erzählt. Beurteilen Sie jeden und alles für sich selbst. ~ *Henry James*

Tag: _____ *Datum:* ____/____/____

Heute bin ich *dankbar* für _____

_____

_____

_____

_____

_____

_____

Tag: _____ *Datum:* ____/____/____

Heute bin ich *dankbar* für _____

_____

_____

_____

_____

Es ist unsere Haltung am Anfang einer schwierigen Aufgabe, die sich vor allem auf ihr erfolgreiches Ergebnis auswirken wird. ~ *William James*

Tag: _____ *Datum:* ____/____/____

Heute bin ich *dankbar* für _____

_____

_____

_____

_____

Tag: _____ *Datum:* ____ / ____ / ____

Heute bin ich *dankbar* für _____

_____

_____

_____

_____

_____

Fröhlichkeit ist der beste Förderer der Gesundheit und ist so freundlich zum Geist wie zum Körper. ~ *Joseph Addison*

Tag: _____ *Datum:* ____ / ____ / ____

Heute bin ich *dankbar* für _____

_____

_____

_____

_____

_____

Tag: _____ *Datum:* ____/____/____

Heute bin ich *dankbar* für _____

_____

_____

_____

_____

_____

_____

Ich bete in der Möglichkeit. ~ *Emily Dickinson*

Tag: _____ *Datum:* ____/____/____

Heute bin ich *dankbar* für _____

_____

_____

_____

_____

_____

_____

Tag: _____ *Datum:* _____ / _____ / _____

Heute bin ich *dankbar* für _____

_____

_____

_____

_____

_____

_____

Kreativität ist nicht das Finden einer Sache, sondern das Machen etwas daraus, nachdem es gefunden wurde. ~ *James Russell Lowell*

Tag: _____ *Datum:* _____ / _____ / _____

Heute bin ich *dankbar* für _____

_____

_____

_____

_____

_____

_____

Tag: _____   *Datum:* ____ / ____ / ____

Heute bin ich *dankbar* für _____

_____

_____

_____

_____

_____

Eine Sache der Schönheit ist eine Freude für immer: seine Lieblichkeit nimmt zu; es wird nie ins Nichts übergehen. ~ *John Keats*

Tag: _____   *Datum:* ____ / ____ / ____

Heute bin ich *dankbar* für _____

_____

_____

_____

_____

_____

Tag: _____ *Datum:* _____ / _____ / _____

Heute bin ich *dankbar* für _____

_____
_____
_____
_____
_____

Mut für alles zu haben, was im Leben kommt - alles liegt darin.
~ *Saint Teresa of Avila*

Tag: _____ *Datum:* _____ / _____ / _____

Heute bin ich *dankbar* für _____

_____
_____
_____
_____
_____

Tag: _____ *Datum:* ____ / ____ / ____

Heute bin ich *dankbar* für _____

Wir bauen zu viele Mauern und zu wenig Brücken. ~ *Isaac Newton*

Tag: _____ *Datum:* ____ / ____ / ____

Heute bin ich *dankbar* für _____

Tag: _____ Datum: _____/_____/_____

Heute bin ich *dankbar* für _____

_____
_____
_____
_____
_____

Nach einem Sturm kommt eine Ruhe. ~ *Matthew Henry*

Tag: _____ Datum: _____/_____/_____

Heute bin ich *dankbar* für _____

_____
_____
_____
_____
_____

Tag: _____ *Datum:* ____/____/____

Heute bin ich *dankbar* für _____

_____

_____

_____

_____

_____

Tausend Worte werden nicht so tief einen Eindruck hinterlassen wie eine Tat. ~ *Henrik Ibsen*

Tag: _____ *Datum:* ____/____/____

Heute bin ich *dankbar* für _____

_____

_____

_____

_____

_____

Tag: _____ *Datum:* ____ / ____ / ____

Heute bin ich *dankbar* für _____

_____

_____

_____

_____

_____

Jede Erfahrung ist ein Bogen, auf dem man aufbauen kann.
~ *Henry Adams*

Tag: _____ *Datum:* ____ / ____ / ____

Heute bin ich *dankbar* für _____

_____

_____

_____

_____

_____

Tag: _____ *Datum:* ____ / ____ / ____

Heute bin ich *dankbar* für _____

_____

_____

_____

_____

_____

_____

> Danke Gott jeden Morgen, wenn du aufstehst, dass du an diesem Tag
> etwas zu tun hast, was getan werden muss, ob es dir gefällt oder nicht.
> ~ *James Russell Lowell*

Tag: _____ *Datum:* ____ / ____ / ____

Heute bin ich *dankbar* für _____

_____

_____

_____

_____

_____

_____

Zeichne etwas

Tag: _____ Datum: ____/____/____

Heute bin ich *dankbar* für _____

_____

_____

_____

_____

_____

Genie zu sein ist die Fähigkeit, seine Emotionen in der täglichen Erfahrung zu erneuern. ~ *Paul Cezanne*

Tag: _____ Datum: ____/____/____

Heute bin ich *dankbar* für _____

_____

_____

_____

_____

_____

Tag: _____ *Datum:* _____ / _____ / _____

Heute bin ich *dankbar* für _____

_____

_____

_____

_____

_____

Wie wenig kann man unter dem Geist der Angst tun.
~ *Florence Nightingale*

Tag: _____ *Datum:* _____ / _____ / _____

Heute bin ich *dankbar* für _____

_____

_____

_____

_____

_____

Tag: _____ *Datum:* ____/____/____

Heute bin ich *dankbar* für _____

Zweifel kommen am Fenster, wenn die Anfrage an der Tür verweigert wird.
~ *Benjamin Jowett*

Tag: _____ *Datum:* ____/____/____

Heute bin ich *dankbar* für _____

Tag: _____ *Datum:* _____ / _____ / _____

Heute bin ich *dankbar* für _____

_____
_____
_____
_____
_____
_____

Das Leben ist nicht eine Frage des Haltens guter Karten, sondern des guten Spiels. ~ *Robert Louis Stevenson*

Tag: _____ *Datum:* _____ / _____ / _____

Heute bin ich *dankbar* für _____

_____
_____
_____
_____
_____
_____

Tag: _____ *Datum:* _____ / _____ / _____

Heute bin ich *dankbar* für _____

_____

_____

_____

_____

Mit einem Auge, das durch die Kraft der Harmonie und die tiefe
Kraft der Freude still gestellt wird, sehen wir in das Leben der Dinge.
~ *William Wordsworth*

Tag: _____ *Datum:* _____ / _____ / _____

Heute bin ich *dankbar* für _____

_____

_____

_____

_____

Tag: _____ *Datum:* ____ / ____ / ____

Heute bin ich *dankbar* für _____

_____

_____

_____

_____

_____

_____

Wir konsumieren unsere Morgen, die über unsere Gestern ärgern.
~ *Persius*

Tag: _____ *Datum:* ____ / ____ / ____

Heute bin ich *dankbar* für _____

_____

_____

_____

_____

_____

_____

Tag: _____ *Datum:* ____ / ____ / ____

Heute bin ich *dankbar* für _____

_____

_____

_____

_____

_____

Ein sanftes Wort, ein freundlicher Blick, ein gutmütiges Lächeln kann Wunder wirken und Wunder vollbringen. ~ *William Hazlitt*

Tag: _____ *Datum:* ____ / ____ / ____

Heute bin ich *dankbar* für _____

_____

_____

_____

_____

_____

Tag: _____ *Datum:* ____ / ____ / ____

Heute bin ich *dankbar* für _____

_____

_____

_____

_____

_____

_____

Kein Mensch ist eine Insel, ganz von sich selbst; jeder Mensch ist ein Stück des Kontinents. ~ *John Donne*

Tag: _____ *Datum:* ____ / ____ / ____

Heute bin ich *dankbar* für _____

_____

_____

_____

_____

_____

_____

Tag: _____ *Datum:* ____ / ____ / ____

Heute bin ich *dankbar* für _____

_____

_____

_____

_____

_____

Lebe dein Leben, als ob jede Handlung ein universelles Gesetz werden würde.
~ *Immanuel Kant*

Tag: _____ *Datum:* ____ / ____ / ____

Heute bin ich *dankbar* für _____

_____

_____

_____

_____

_____

Tag: _____ *Datum:* ____/____/____

Heute bin ich *dankbar* für _____

_____
_____
_____
_____
_____

Wenn Sie wollen, dass die Gegenwart anders ist als die Vergangenheit, studieren Sie die Vergangenheit. ~ *Baruch Spinoza*

Tag: _____ *Datum:* ____/____/____

Heute bin ich *dankbar* für _____

_____
_____
_____
_____
_____

Tag: _____ *Datum:* ____/____/____

Heute bin ich *dankbar* für _____

_____

_____

_____

_____

_____

Das Maß für den wahren Charakter eines Mannes ist, was er tun würde,
wenn er wüsste, dass seine Taten nie herausgefunden werden würden.
~ *Thomas Babington Macaulay*

Tag: _____ *Datum:* ____/____/____

Heute bin ich *dankbar* für _____

_____

_____

_____

_____

_____

Tag: _____ *Datum:* _____ / _____ / _____

Heute bin ich *dankbar* für _____

Die Berge rufen und ich muss gehen. ~ *John Muir*

Tag: _____ *Datum:* _____ / _____ / _____

Heute bin ich *dankbar* für _____

Tag: _____ *Datum:* _____/_____/_____

Heute bin ich *dankbar* für _____

_____
_____
_____
_____
_____

Beginnen Sie, seien Sie mutig und wagen Sie es, weise zu sein.
~ *Horace*

Tag: _____ *Datum:* _____/_____/_____

Heute bin ich *dankbar* für _____

_____
_____
_____
_____
_____

Tag: _____ *Datum:* _____ / _____ / _____

Heute bin ich *dankbar* für _____

_____

_____

_____

_____

_____

Von den Segnungen, die gesetzt werden, bevor Sie Ihre Wahl treffen, und seien Sie zufrieden. ~ *Samuel Johnson*

Tag: _____ *Datum:* _____ / _____ / _____

Heute bin ich *dankbar* für _____

_____

_____

_____

_____

_____

Zeichne etwas

Tag: _____ *Datum:* _____ / _____ / _____

Heute bin ich *dankbar* für _____

_____

_____

_____

_____

Freunde sind der Sonnenschein des Lebens. ~ *John Hay*

Tag: _____ *Datum:* _____ / _____ / _____

Heute bin ich *dankbar* für _____

_____

_____

_____

_____

Tag: _____ *Datum:* ____/____/____

Heute bin ich *dankbar* für _____

_____

_____

_____

_____

_____

Wir sollten uns jedoch gut freuen und uns daran erinnern, dass die Unglücke am schwersten zu ertragen sind, die nie kommen. ~ *James Russell Lowell*

Tag: _____ *Datum:* ____/____/____

Heute bin ich *dankbar* für _____

_____

_____

_____

_____

_____

Tag: _____ Datum: _____/_____/_____

Heute bin ich *dankbar* für _____

_____
_____
_____
_____
_____

Wer weiß, dass genug genug ist, wird immer genug haben.
~ *Lao Tzu*

Tag: _____ Datum: _____/_____/_____

Heute bin ich *dankbar* für _____

_____
_____
_____
_____
_____

Tag: _____ *Datum:* ____/____/____

Heute bin ich *dankbar* für _____

_____

_____

_____

_____

_____

Man kann nicht zu früh eine Freundlichkeit tun, denn man weiß nie, wie schnell es zu spät sein wird. ~ *Ralph Waldo Emerson*

Tag: _____ *Datum:* ____/____/____

Heute bin ich *dankbar* für _____

_____

_____

_____

_____

_____

Tag: _____ *Datum:* ____ / ____ / ____

Heute bin ich *dankbar* für _____

_____

_____

_____

_____

_____

Echtes Glück ist billig genug, aber wie teuer wir für seine Fälschung bezahlen.
~ *Hosea Ballou*

Tag: _____ *Datum:* ____ / ____ / ____

Heute bin ich *dankbar* für _____

_____

_____

_____

_____

_____

Tag: _____ *Datum:* ____ / ____ / ____

Heute bin ich *dankbar* für _____

_____
_____
_____
_____
_____
_____

Niemals aufgeben, denn das ist nur der Ort und die Zeit, an der sich das Blatt wenden wird. ~ *Harriet Beecher Stowe*

Tag: _____ *Datum:* ____ / ____ / ____

Heute bin ich *dankbar* für _____

_____
_____
_____
_____
_____
_____

Tag: _____ *Datum:* ____ / ____ / ____

Heute bin ich *dankbar* für _____

_____

_____

_____

_____

Die Kraft der Phantasie macht uns unendlich.
~ *John Muir*

Tag: _____ *Datum:* ____ / ____ / ____

Heute bin ich *dankbar* für _____

_____

_____

_____

_____

Tag: _____ *Datum:* ____ / ____ / ____

Heute bin ich *dankbar* für _____

_____

_____

_____

_____

_____

Glück ist eine Wahl, die manchmal Anstrengung erfordert.
~ *Aeschylus*

Tag: _____ *Datum:* ____ / ____ / ____

Heute bin ich *dankbar* für _____

_____

_____

_____

_____

_____

Tag: _____ *Datum:* ____/____/____

Heute bin ich *dankbar* für _____

_____
_____
_____
_____
_____

> Was wir zu billig bekommen, schätzen wir zu leicht; es ist nur die Liebe, die alles ihren Wert gibt. ~ *Thomas Paine*

Tag: _____ *Datum:* ____/____/____

Heute bin ich *dankbar* für _____

_____
_____
_____
_____
_____

Tag: _____ Datum: ____ / ____ / ____

Heute bin ich *dankbar* für _____

_____
_____
_____
_____
_____

Was euch beunruhigt, beherrscht euch. ~ *John Locke*

Tag: _____ Datum: ____ / ____ / ____

Heute bin ich *dankbar* für _____

_____
_____
_____
_____
_____

Tag: _____ *Datum:* _____ / _____ / _____

Heute bin ich *dankbar* für _____

_____

_____

_____

_____

_____

Alles ist schwierig, bevor es einfach ist. ~ *Thomas Fuller*

Tag: _____ *Datum:* _____ / _____ / _____

Heute bin ich *dankbar* für _____

_____

_____

_____

_____

_____

Tag: _____ *Datum:* ____ / ____ / ____

Heute bin ich *dankbar* für _____

Wer weiß, der Geist hat den Schlüssel zu allen Dingen.
~ *Amos Bronson Alcott*

Tag: _____ *Datum:* ____ / ____ / ____

Heute bin ich *dankbar* für _____

Tag: _____ *Datum:* ____/____/____

Heute bin ich *dankbar* für _____

_____

_____

_____

_____

_____

Der Zweck erstellt die Maschine. ~ *Arthur Young*

Tag: _____ *Datum:* ____/____/____

Heute bin ich *dankbar* für _____

_____

_____

_____

_____

_____

Tag: _____ *Datum:* ____ / ____ / ____

Heute bin ich *dankbar* für _____

_____

_____

_____

_____

_____

_____

> Wissen reicht nicht aus; wir müssen es anwenden. Wollen reicht nicht aus;
> wir müssen tun. ~ *Johann Wolfgang von Goethe*

Tag: _____ *Datum:* ____ / ____ / ____

Heute bin ich *dankbar* für _____

_____

_____

_____

_____

_____

_____

Zeichne etwas

Notizen

Notizen

www.ingramcontent.com/pod-product-compliance
Lightning Source LLC
Chambersburg PA
CBHW052110110526
44592CB00013B/1551